# Zahlenrätsel mit dem besonderen Anspruch

## Denksport aus Logik und Mathematik
## für Erwachsene und Knobelfans

AF198754

*Kreuzzahlenrätsel sind eine elegante Mischung aus Logik und Mathematik.*

Carsten Richter

# Zahlenrätsel mit dem besonderen Anspruch

### Denksport aus Logik und Mathematik
### für Erwachsene und Knobelfans

Carsten Richter

Die Deutsche Nationalbibliothek verzeichnet diese Publikation in der Deutschen Nationalbibliografie; detaillierte bibliografische Daten sind im Internet über http://dnb.dnb.de abrufbar.

Illustration: Carsten Richter

Herstellung und Verlag: BoD – Books on Demand, Norderstedt

ISBN: 9-783-744-810-821

# Inhaltsverzeichnis:

1. Einweisung / Erläuterung      Seiten: 1-4

2. 100 Kreuzzahlenrätsel      Seiten: 5 - 104

3. Lösungen      Seiten: 105-114

# 1. Einweisung / Erläuterung

Gegeben ist eine Tabelle, welche in den jeweils äußeren Zeilen und Spalten Hinweise für die Anordnung der Lösungszahlen beinhaltet. Zusätzlich dazu hat jede Aufgabe einen individuellen Zahlenbereich, welcher für die Lösung zur Verfügung steht. Grundsätzlich bezieht sich jede Aufgabe auf die ganzen Zahlen (...-3,-2,-1,0,1,2,3...). Weitere eventuelle Einschränkungen sind den einzelnen Aufgaben zu entnehmen.
Die Beschriftung der Lösungsfelder ist wie folgt zu werten. Die mit X markierten Felder sind jene Felder, auf welche sich die Beschreibung bezieht.

Zeilen:

|  |  |  |  |  |
|---|---|---|---|---|
| Hinweis | X | X | X |  |
|  |  |  |  |  |
|  |  |  |  |  |
|  |  |  |  |  |

Spalten:

|  |  |  |  |  |
|---|---|---|---|---|
|  |  | Hinweis |  |  |
|  |  | X |  |  |
|  |  | X |  |  |
|  |  | X |  |  |
|  |  |  |  |  |

Diagonalen:

| Hinweis |  |  |  |  |
|---|---|---|---|---|
|  | X |  |  |  |
|  |  | X |  |  |
|  |  |  | X |  |
|  |  |  |  |  |

Jede Zeile oder Diagonale kann maximal 2 Hinweise beinhalten. Die Hinweise stehen entweder am Anfang oder am Ende der Zeilen, Spalten oder Diagonalen.

| | | | | |
|---|---|---|---|---|
| Hinweis | X | X | X | Hinweis |
| | | | | |
| | | | | |
| | | | | |

| | | | | |
|---|---|---|---|---|
| Hinweis | | | | |
| | X | | | |
| | | X | | |
| | | | X | |
| | | | | Hinweis |

Es gibt auch Tabellen, welche mehr Zeilen als Spalten haben oder mehr Spalten als Zeilen. Hier ist eine Besonderheit bei den Diagonalen zu beachten, da diese nicht direkt in der gegenüberliegenden Ecke enden. In so einem Fall hat die entsprechende Diagonale nur ein mögliches Feld der Beschriftung, denn die Beschriftung von Zeilen/Spalten geht vor die Diagonale. Hinweis(2) im Beispiel bezieht sich als eindeutig auf die Zeile und nicht auf die Diagonale.

| | | | | |
|---|---|---|---|---|
| Hinweis | | | | |
| | X | | | |
| | | X | | |
| | | | X | |
| | | | | Hinweis(2) |
| | | | | |

**Die richtige Deutung der Hinweise:**

➢ Nachbarn
Unter Nachbarn sind Zahlen gemeint, welche direkt nacheinander in Zeilen/Spalten oder Diagonalen liegen.

➢ Summe
Dies ist die Summe aller Zahlen der Zeile, Spalte oder Diagonalen.

➢ Differenz Nachbarn
Gibt den Wert an, um welchen 2 benachbarte Zahlen auseinander liegen.

➢ Jede Zahl einmal
Es ist jedes Feld mit einer unterschiedlichen Zahl belegt.

➢ Größer, kleiner als
Die Zahlen der Felder sind entsprechend beschränkt.

➢ Gerade / ungerade
Die Zahlen sind entsprechend gerade, ungerade oder wie beschrieben verteilt (beispielsweise: 3xgerade und 2x ungerade).

➢ Vierling/Drilling/doppelt
Eine Zahl ist vierfach, dreifach oder doppelt vorhanden. Die Zahlen müssen nicht benachbart sein.

➢ Steigend
Die Zahlen werden in irgendeine Richtung größer.

➢ Mittelwert
Der Mittelwert aller Zahlen der entsprechenden Felder.

➢ 2 verschiedene Zahlen

Auf den Feldern gibt es 2 verschiedene Zahlen. Demzufolge sind diese mehrfach vorhanden.

➢ Nachbarn ungleich

2 gleiche Zahlen stehen nicht nebeneinander.

➢ Faktor

Ergebnis der Multiplikation aller Zahlen der Felder.

➢ Differenz Nachbarn gleich.

Die Differenz muss aus anderen Zahlen geschlossen werden. Natürlich gilt zu beachten, dass eine Differenz nach oben und unten anzuwenden ist.

Diese Hinweise, beziehungsweise eine Kombination aus diesen Hinweisen, ermöglichen bei jedem Rätsel eine eindeutige Verteilung der Zahlenwerte. Im Lösungsteil sind der Zahlenbereich und die korrekte Verteilung der Zahlen abgebildet. Wenn Sie einmal nicht weiterkommen, dann sollten Sie erst einmal andere Aufgaben lösen und nicht gleich den Lösungsteil nutzen. Sie werden schnell eine Routine für die Aufgaben entwickeln und auch Lösungswege für verzwickte Situation entdecken. Die Rätsel sind diesmal nicht in Schwierigkeitsstufen gegliedert. Man kann diese Art der Rätsel nicht klar kategorisieren, da sie sich zwar im Anspruch unterscheiden, die Schwierigkeit aber subjektiv ist und vom Leser abhängt.

Hinweise zu den Rätseln und Anregungen für andere Aufgaben senden Sie bitte an folgende Emailadresse:

**Raetselbuch@gmx.de**

Viel Glück und viel Erfolg beim Lösen der Rätsel.

1. Die Zahlen sind größer als 0 und kleiner als 5.

| | Nachbarn ungleich | Gerade und ungerade im Wechsel | | Differenz Nachbarn 1 | |
|---|---|---|---|---|---|
| ungerade | | | | | Nachbarn ungleich |
| gerade | | | | | Nachbarn ungleich |
| | | | | | Jede Zahl doppelt |
| | | | | | Jede Zahl einmal |
| | Größer als 1 | Kleiner als 4 | | Jede Zahl einmal | |

2. Die Zahlen sind ungerade, größer als 6 und kleiner als 18.

| | | Nachbarn ungleich | Jede Zahl einmal | Nachbarn ungleich | | 3 ver-schiedene Zahlen |
|---|---|---|---|---|---|---|
| Summe: 49 | | | | | | Nachbarn ungleich |
| Jede Zahl einmal | | | | | | |
| Jede Zahl einmal | | 17 | | | | |
| Differenz Nachbar 4 | | | | | | |
| 4 Prim-zahlen | | | | | 9 | Summe: 61 |
| Summe: 41 | steigend | | Nachbarn ungleich | Summe: 59 | Summe: 61 | Summe: 61 |

3. Die Zahlen sind größer als 1 und kleiner als 8.

| | Differenz Nachbarn 2 | | gerade | Nachbarn ungleich | Primzahlen | |
|---|---|---|---|---|---|---|
| ein Vierling | | | | | | Summe: 13 |
| Summe: 16 | | | | | | |
| Jede Zahl einmal | | | | | | Differenz Nachbarn 1 |
| | | | | | | Summe: 22 |
| gerade | | 3 verschiedene Zahlen | | Jede Zahl einmal | | |

- 7 -

4. Die Zahlen sind gerade, größer als 3 und kleiner als 11.

| | Summe: 26 | | Nachbarn ungleich | | Jede Zahl einmal | Differenz Nachbarn 6 |
|---|---|---|---|---|---|---|
| Jede Zahl einmal | | | | | | |
| Nachbarn ungleich | | | | | | Summe: 20 |
| | | 8 | | | | |
| | | | | | | Jede Zahl einmal |
| Nachbarn ungleich | | | | | | |

- 8 -

5. Die Zahlen sind Primzahlen und einstellig.

| | 2 verschiedene Zahlen | | | Summe: 19 | steigend | |
|---|---|---|---|---|---|---|
| Alle Zahlen vorhanden | | | | | | |
| Nachbarn ungleich | | | | | | |
| Summe: 29 | | | | | | |
| | | | | | | Summe: 17 |
| Nach rechts steigend | Nachbarn ungleich | Jede Zahl einmal | | | | |

6. Die Zahlen sind größer als 1 und kleiner als 7.

| | | | | | | Nach rechts steigend |
|---|---|---|---|---|---|---|
| | Jede Zahl einmal | Summe: 13 | Differenz Nachbarn 1 | Zahlen kleiner als 6 | | Nach rechts steigend |
| | | | | | | steigend |
| Summe: 20 | | | | | | gerade |
| Summe: 22 | | | | | 3 | |
| | | | | | | Differenz Nachbarn größer 1 |
| | Summe: 18 | | | Jede Zahl einmal | | 2 verschiedene Zahlen |

**7. Die Zahlen sind durch 3 teilbar, größer als -8 und kleiner als 10.**

|  | Summe: -9 |  | 2 verschiedene Zahlen |  |  |  |
|---|---|---|---|---|---|---|
| Summe: 9 |  |  |  |  |  |  |
|  |  |  |  |  |  | Nachbarn ungleich |
|  |  |  |  |  |  | Summe: -6 |
|  |  |  |  |  |  |  |
| steigend |  |  |  |  |  |  |
|  |  | Differenz Nachbarn 3 | Differenz Nachbarn 3 | gerade | steigend | 3 verschiedene Zahlen |

8. Die Zahlen sind gerade, größer als -7 und kleiner als 7.

| | | | | | | |
|---|---|---|---|---|---|---|
| steigend | Summe: 0 | Summe: -2 | Summe: 0 | Nach rechts fallend | | Summe: 16 |
| Nachbarn ungleich | | | | | | Differenz Nachbarn 4 |
| Summe: 6 | | | | 6 | | |
| Summe: -10 | | | | | | |
| Summe: 0 | | | | -4 | steigend | |
| Summe: 0 | Summe: 0 | | | Summe: 4 | Summe: 12 | Summe: -6 |

**9. Die Zahlen sind größer als 6 und kleiner als 10.**

| | Nachbarn ungleich | | Nachbarn ungleich | Differenz Nachbarn 1 | | |
|---|---|---|---|---|---|---|
| Summe: 37 | | | | | | ungerade |
| | | | | | | Summe: 38 |
| Nachbarn ungleich | | | | | | |
| Summe: 38 | | | | | | |
| Summe: 31 | Summe: 34 | | | Summe: 32 | 2 verschiedene Zahlen | |

10. Die Zahlen sind größer als 2 und kleiner als 12.

| | ungerade | 3 verschiedene Zahlen | 4 mal gerade | Summe: 30 | | Differenz Nachbarn gleich | Eine Zahl doppelt | |
|---|---|---|---|---|---|---|---|---|
| Nachbarn ungleich | | | | | | | | Summe: 43 |
| Differenz Nachbarn gleich | | | | | | | | |
| Differenz Nachbarn 1 | | | | | | | | Jede Zahl einmal |
| Eine Zahl doppelt | | | | | | | | kein Drilling |
| | | | 8 | | | | | jede Zahl einmal |
| | | Summe: 19 | | | | Summe: 37 | Summe: 17 | steigend |

11. Die Zahlen sind durch 6 teilbar, größer als 5 und kleiner als 25.

|  | Summe: 30 | Vielfaches von 4 | 2 verschiedene Zahlen | Summe: 54 |  |
|---|---|---|---|---|---|
| Nachbarn ungleich |  |  |  |  |  |
| Nachbarn ungleich |  |  |  |  |  |
|  |  |  |  |  |  |
|  |  |  |  |  | Differenz Nachbarn gleich |
| Jede Zahl einmal | Nachbarn ungleich |  | Nachbarn ungleich | steigend |  |

12. Die Zahlen sind Primzahlen, größer als 12 und kleiner als 24.

| | | Summe: 56 | | Summe: 76 | Summe: 66 |
|---|---|---|---|---|---|
| Summe: 60 | | | | | |
| | | | | | |
| Summe: 72 | | | | | |
| | | | | | Summe: 82 |
| | Summe: 58 | | | | |

## 13. Die Zahlen sind größer als -1 und kleiner als 7.

| | ungerade | | Jede Zahl einmal | | |
|---|---|---|---|---|---|
| | | | | | Summe: 22 |
| Faktor ungleich 0 | | | | | Jede Zahl einmal |
| | | | | 2 | Differenz Nachbarn gleich |
| | | | | | |
| ungerade | | | | | Differenz Nachbarn gleich |
| steigend | Summe: 15 | Jede Zahl einmal | Differenz Nachbarn 1 | Summe: 15 | steigend |

14. Zahlen sind durch 3 teilbar, größer als 2 und kleiner als 25.

| | Differenz Nachbarn 3 | Nach rechts steigend | 2 verschiedene Zahlen | | |
|---|---|---|---|---|---|
| steigend | | | | | Nachbar ist das Doppelte |
| gerade | | | 18 | | |
| einstellig | | | | | Differenz Nachbarn über 5 |
| | | | | | 2 verschiedene Zahlen |
| | Summe: 30 | Nachbarn einmal ungleich | Summe: 30 | | |

- 18 -

15. Die Zahlen sind durch 3 teilbar, größer als -7 und kleiner als 10.

| steigend | | Differenz Nachbarn 6 | | Nachbarn ungleich | | |
|---|---|---|---|---|---|---|
| 1x Nachbarn gleich | | | | | | Summe: 0 |
| | | 9 | | 9 | | |
| | | | | | | Summe: 18 |
| | | | | | Jede Zahl einmal | |
| | | | | | Summe: 6 | |
| Summe: 27 | Jede Zahl einmal | Summe: 15 | Nachbarn ungleich | gerade | | |

16. Die Zahlen haben die Quersumme 5, sind größer als 10 und kleiner als 53.

| | gerade | ungerade | 2 ver-schiedene Zahlen | | | | |
|---|---|---|---|---|---|---|---|
| Differenz Nachbarn 9 | 14 | | | | | | |
| Jede Zahl einmal | | | | | | | |
| Summe: 115 | | 32 | | | | | |
| Jede Zahl einmal | | | | | | | |
| | Summe: 97 | Differenz Nachbarn 9 | Nachbarn ungleich | Nachbarn ungleich | | | |
| | steigend | | | | | | |

- 20 -

17. Die Zahlen sind Primzahlen, größer als 4 und kleiner als 14.

|  | Jede Zahl einmal | | | Summe: 48 |
|---|---|---|---|---|
| Differenz Nachbarn 2 | | | | Jede Zahl einmal |
| | | | | |
| | | | | Summe: 34 |
| | Jede Zahl einmal | Eine Zahl doppelt | Summe: 34 | |

steigend

**18. Die Zahlen sind ungerade, größer als 8 und kleiner als 20.**

|  | Jede Zahl einmal | Summe: 52 |  | Primzahlen | jede Zahl einmal | 1 Drilling |
|---|---|---|---|---|---|---|
| **4 Primzahlen** |  |  |  |  |  |  |
| **9** |  |  |  |  |  |  |
| **11** |  |  |  |  |  | Nachbarn ungleich |
|  |  |  |  |  |  | Summe: 69 |
| **Summe: 71** |  |  |  |  |  | Differenz Nachbarn 2 |
| **Differenz Nachbarn 2** | Nachbarn ungleich | Summe: 60 | Summe: 64 | Differenz Nachbarn 2 |  | Summe: 46 |

## 19. Die Zahlen sind gerade, größer als 1 und kleiner als 11.

| | Jede Zahl einmal | Zahlen größer als 3 | | | |
|---|---|---|---|---|---|
| 2 verschiedene Zahlen | | | | | |
| Summe: 30 | | | | | |
| | | | | | |
| Jede Zahl einmal | | | | | |
| Differenz Nachbarn 8 | | | | | |
| steigend | Differenz Nachbarn 2 | Differenz Nachbarn 4 | Jede Zahl einmal | Summe: 28 | |

20. Die Zahlen sind durch 4 teilbar, größer als -6 und kleiner als 13.

| | 2 verschiedene Zahlen | steigend | | Differenz Nachbarn 4 | Drilling | steigend |
|---|---|---|---|---|---|---|
| Eine Zahl doppelt | | | | | | Summe: 0 |
| | | | | | | |
| | | | | | | |
| 2 verschiedene Zahlen | | | | | | |
| | | Summe: 32 | | Summe: 0 | Summe: 0 | |

## 21. Die Zahlen sind größer als 3 und kleiner als 8.

| Differenz Nachbarn 3 | | | | Summe: 22 | |
| --- | --- | --- | --- | --- | --- |
| Jede Zahl einmal | | | | | |
| | | | | | Differenz Nachbarn gleich |
| Nachbarn ungleich | | | | | |
| | | | | Summe: 19 | |
| | Nachbarn ungleich | Jede Zahl einmal | | ungerade | |

# 22. Die Zahlen sind ungerade, größer als 0 und kleiner als 10.

| | Nachbarn ungleich | Summe: 21 | Summe: 25 | alle Zahlen | | Differenz Nachbarn gleich |
|---|---|---|---|---|---|---|
| 3 verschiedene Primzahlen | | | | | | |
| Kleiner als 8 | | | | | | Summe: 26 |
| Nachbarn ungleich | | | | | | |
| | | | | | | |
| | | | | | | Summe: 34 |
| Summe: 37 | Primzahlen | | | | | |

## 23. Die Zahlen sind größer als 0 und kleiner als 7.

| | | | ungerade | Summe: 19 | |
|---|---|---|---|---|---|
| | | | | | steigend |
| | | | | | Summe: 17 |
| Summe: 10 | | | | | Jede Zahl einmal |
| | | 3 | | | Nachbarn ungleich |
| | | | | | Summe: 22 |
| | steigend | Jede Zahl einmal | Summe: 15 | | ungerade |

24. Die Zahlen sind durch 4 teilbar, größer als -13 und kleiner als 9.

| | Nachbarn ungleich | Summe: -16 | | Jede Zahl einmal | |
|---|---|---|---|---|---|
| | - 4 | | | | Summe: -12 |
| Summe: 4 | | | | | |
| | steigend | | | | einstellig |
| | | | | | Summe: - 44 |
| Differenz Nachbarn gleich | | | Jede Zahl einmal | Nachbarn ungleich | Summe: 0 |

25. Die Zahlen sind größer als -3 und kleiner als 3.

| | Faktor ungleich 0 | | steigend | | |
|---|---|---|---|---|---|
| | | | | | |
| Nachbarn ungleich | | | | | |
| | | | | | Summe: 2 |
| | | | | | |
| Summe: 5 | | | | | Nachbarn ungleich |
| steigend | Summe: 0 | Jede Zahl einmal | | Differenz Nachbarn gleich | |

26. Die Zahlen sind ungerade, größer als -8 und kleiner als 6.

| Nach rechts fallend | Jede Zahl einmal | Summe: 13 | Summe: -11 | Summe: -13 | Summe: 1 | Summe:4 |
|---|---|---|---|---|---|---|
|  |  |  |  |  | 1 | Differenz Nachbarn gleich |
| Nachbarn ungleich | Jede Zahl einmal |  |  |  |  | Differenz Nachbarn 4 |
|  | Nach oben fallend |  |  |  |  |  |
|  | Summe: -2 |  |  |  |  |  |
|  |  | Nachbarn ungleich | Summe: -13 |  |  | Summe: 8 |

## 27. Die Zahlen sind größer als -2 und kleiner als 3.

| | | | | | steigend |
|---|---|---|---|---|---|
| ungerade | | | | | Nachbarn ungleich |
| Summe: 3 | | | | | |
| | | | | | Differenz Nachbarn 2 |
| 2 verschiedene Zahlen | | | | | Nachbarn ungleich |
| | alle Zahlen | Differenz Nachbarn gleich | alle Zahlen | Nachbarn ungleich | |

## 28. Die Zahlen sind größer als 5 und kleiner als 12.

| steigend | Differenz Nachbarn 1 | Summe: 37 | Summe: 47 | ungerade | |
|---|---|---|---|---|---|
| | | | | | Nachbarn ungleich |
| Jede Zahl einmal | | | | | einstellig |
| | | | | | |
| Summe: 36 | Summe: | | | | |
| | | | | | Prim- zahlen |
| | Jede Zahl einmal | Nachbarn ungleich | Nachbarn ungleich | Nachbarn ungleich | Nachbarn ungleich |

**29.** Die Zahlen sind Primzahlen, größer als 0 und kleiner als 10.

| | Summe: 9 | | | | Jede Zahl einmal | |
|---|---|---|---|---|---|---|
| Jede Zahl einmal | | | | | | |
| Summe: 12 | | | | | | |
| Eine Zahl doppelt | | | | | | |
| Jede Zahl doppelt | | | | | | Nachbarn ungleich |
| | Jede Zahl einmal | gerade | Summe 17 | Rechte Nachbar größer | | |

30. Die Zahlen sind durch 4 teilbar, größer als 3 und kleiner als 13.

| Differenz Nachbarn 4 | | | Differenz Nachbarn 4 | einstellig | Nachbarn ungleich | Nachbarn ungleich |
|---|---|---|---|---|---|---|
| | | 4 | | | | |
| | Summe: 48 | | | | | Größer als 6 |
| | | 8 | | | | |
| | 2 verschiedene Zahlen | | | | | |
| | | 12 | | | | |
| Differenz Nachbarn 4 | 2 verschiedene Zahlen | Summe: 32 | Summe: 44 | Nachbarn ungleich | Summe: 40 | einstellig |

# 31. Die Zahlen sind größer als 0 und kleiner als 6.

| | | | 2 verschiedene Zahlen | Differenz Nachbarn gleich | |
|---|---|---|---|---|---|
| Summe: 6 | | | | | ungerade |
| Summe: 9 | | | | 5 | |
| Summe: 14 | | | | | 2 verschiedene Zahlen |
| | | | | | steigend |
| Nachbarn ungleich | | | | | |
| steigend | ungerade | Differenz Nachbarn gleich | ungerade | Summe: 19 | |

32. Die Zahlen sind größer als 4 und kleiner als 14.

| | steigend | Summe: 52 | steigend | Differenz Nachbarn gleich | | Jede Zahl einmal |
|---|---|---|---|---|---|---|
| gerade | | 12 | | | | Summe: 34 |
| Summe: 41 | | | | | | Nachbarn ungleich |
| Summe: 46 | | | 8 | | | gerade |
| steigend | | | | | | |
| Summe: 40 | einstellig | zweistellig | | | | Summe: 46 |

- 36 -

| | steigend | | | | Summe: 0 |
|---|---|---|---|---|---|
| Summe: 0 | | | | | Summe: 6 |
| | | | | | Nachbarn ungleich |
| Differenz Nachbarn gleich | | | | | Differenz Nachbarn 1 |
| | 2 ver-schiedene Zahlen | Differenz Nachbarn 1 | | Summe: 1 | steigend |

## 34. Die Zahlen sind gerade, größer als -3 und kleiner als 5.

| | Nachbarn ungleich | Nachbarn ungleich | Nachbarn ungleich | Nachbarn ungleich | Nachbarn ungleich | Summe: 0 |
|---|---|---|---|---|---|---|
| Nachbarn ungleich | | | | | | Summe: 8 |
| Größer als -1 | | | | | | |
| Nachbarn ungleich | | | | | | |
| Nachbarn ungleich | | | | | Nachbarn ungleich | |
| 2 verschiedene Zahlen | | | | | | Summe: 6 |
| Differenz Nachbarn 2 | Differenz Nachbarn 4 | | | | Summe: -4 | Summe: -4 |
| | | | | | Summe: 0 | |

## 35. Die Zahlen sind größer als -4 und kleiner als 2.

| | | | steigend | | steigend |
|---|---|---|---|---|---|
| | -1 | | | | |
| | | | | | |
| Summe: -7 | | | | | Kleiner als 0 |
| | | | | | Differenz Nachbarn 2 |
| | | | | | |
| Summe: 1 | Nachbarn ungleich | steigend | | | Summe: -1 |

36. Die Zahlen sind Primzahlen, größer als 10 und kleiner als 20.

| | Summe: 48 | | Jede Zahl einmal | | |
|---|---|---|---|---|---|
| Summe: 46 | | | | | |
| Summe: 58 | | | | | |
| | | | | | Nachbarn ungleich |
| | | | | | |
| Jede Zahl einmal | | Summe: 70 | | Summe: 46 | |

# 37. Die Zahlen sind größer als 0 und kleiner als 6.

| Differenz Nachbarn 1 | | Jede Zahl einmal | Nachbarn ungleich | gerade | Summe: 15 | Summe: 12 |
|---|---|---|---|---|---|---|
| | | | | | | Jede Zahl einmal |
| | | | 1 | | | |
| ein Drilling | | | | | | |
| Nur eine Zahl | | | | | | |
| | | | | | | Summe: 13 |
| | Differenz Nachbarn 1 | | | Kleiner als 4 | Jede Zahl einmal | Jede Zahl einmal |

## 38. Die Zahlen sind ungerade, größer als 4 und kleiner als 14.

| Summe: 44 | Summe: 43 | Summe: 45 | 2 verschiedene Zahlen | Primzahlen doppelt | Nach rechts fallend |
|---|---|---|---|---|---|
| Jede Zahl einmal | 13 | | | | Summe: 40 |
| Eine Zahl doppelt | | | | | |
| Summe: 34 | 11 | | | | Größer als 6 |
| Summe: 32 | | Summe: 32 | | | |
| | | | | | 2 verschiedene Zahlen |
| Summe: 32 | | Jede Zahl einmal | | 2mal 2 Nachbarn gleich | Nach links fallend |

39. Die Zahlen sind durch 6 teilbar, größer als 5 und kleiner als 25.

| Differenz Nachbarn 6 | | | | ein Drilling | |
|---|---|---|---|---|---|
| Vielfaches von 4 | | | | | Nachbarn ungleich |
| | | | | | Nachbarn ungleich |
| Summe: 36 | | | | | |
| Nachbarn ungleich | | | | | Summe: 60 |
| | Nachbarn ungleich | Jede Zahl einmal | Jede Zahl einmal | | Jede Zahl einmal |

40. Die Zahlen sind Primzahlen, größer als 0 und kleiner als 12.

| steigend | | Differenz Nachbarn gleich | Nachbarn ungleich | | steigend |
|---|---|---|---|---|---|
| Differenz Nachbarn 4 | | | | | |
| Differenz Nachbarn gleich | | | | | |
| | | | | | steigend |
| Jede Zahl einmal | | | | | |
| | | | 11 | | jede Zahl einmal |
| | Summe: 41 | | | Summe: 17 | |

## 41. Die Zahlen sind Primzahlen, größer als 9 und kleiner als 30.

| Summe: 97 | Nachbarn ungleich |  | 2 verschiedene Zahlen |  |  | steigend |
|---|---|---|---|---|---|---|
| steigend | 29 |  |  |  |  |  |
|  | 13 |  |  |  | 19 | Nachbarn ungleich |
|  |  |  |  |  |  | steigend |
| Summe: 89 |  |  |  |  |  | Nachbarn ungleich |
| Differenz Nachbarn gleich | 29 |  | 11 |  |  | Summe: 97 |
|  |  |  |  | Summe: 71 | Jede Zahl einmal | Differenz Nachbarn 6 |

## 42. Die Zahlen sind größer als 3 und kleiner als 9.

| | Jede Zahl einmal | Differenz Nachbarn 1 | | | gerade | Summe: 28 |
|---|---|---|---|---|---|---|
| gerade | | | | | | |
| Jede Zahl einmal | | | | | | |
| Summe: 28 | | | | | | |
| Nachbarn ungleich | 7 | | | | | |
| | | | | | | |
| Differenz Nachbarn 1 | | | | | | |

| | Jede Zahl einmal | Differenz Nachbarn 1 | Summe: 32 | Summe: 30 |
|---|---|---|---|---|
| Jede Zahl einmal | | | | |
| Differenz Nachbarn 1 | | | | |
| Summe: 28 | | | | |
| Differenz Nachbarn gleich | | | | |
| Jede Zahl einmal | | | Summe: 30 | |

43. Die Zahlen sind ungerade, größer als 2 und kleiner als 12.

| | | Nachbarn ungleich | | | Keine Primzahlen |
|---|---|---|---|---|---|
| Jede Zahl einmal | | | | | |
| einstellig | | | | | Jede Zahl einmal |
| | | | | 11 | |
| | | | | | |
| | Nach links steigend | Summe:32 | Nach rechts steigend | | Summe: 18 |

44. Die Zahlen sind gerade, größer als 1 und kleiner als 9.

| | Summe: 24 | Differenz Nachbarn 2 | | | |
|---|---|---|---|---|---|
| | | | 6 | | Kleiner als 7 |
| Jede Zahl einmal | | | | | |
| | | | 6 | | |
| Jede Zahl zweimal | | | | | |
| Summe: 18 | | Jede Zahl einmal | | Summe: 30 | |

45. Die Zahlen sind gerade, größer als 0 und kleiner als 12.

| | Summe: 30 | | | Summe: 16 | Summe: 32 | |
|---|---|---|---|---|---|---|
| Summe: 16 | | | | | | |
| Differenz Nachbarn gleich | | | | | | |
| Jede Zahl einmal | | | | | | |
| Nachbarn ungleich | | | | | | |
| | Nachbarn ungleich | Jede Zahl einmal | | | 3 verschiedene Zahlen | Summe: 30 |
| | | | | | Summe: 10 | |

- 49 -

46. Die Zahlen sind ungerade, größer als -6 und kleiner als 4.

| | | | | | | Nachbarn ungleich |
|---|---|---|---|---|---|---|
| Summe: -11 | | ein Drilling | | | | |
| nach oben steigend | | | | | | |
| | | | | | Differenz Nachbarn gleich | |
| steigend | | | | | | |
| Jede Zahl einmal | | | | | | |
| | | | | | | Summe: -1 |
| Summe: -1 | | Differenz Nachbarn 6 | Summe: -5 | Differenz Nachbarn 6 | Nachbarn ungleich | |

## 47. Die Zahlen sind größer als 4 und kleiner als 12

| | Summe: 43 | | | Nachbarn ungleich | steigend |
|---|---|---|---|---|---|
| Differenz Nachbarn 2 | | | | | Jede Zahl einmal |
| | | | | | |
| Summe: 38 | 10 | | | | Nachbarn ungleich |
| gerade | | | | | Summe: 38 |
| steigend | | | | | ungerade |
| | Jede Zahl einmal | Differenz Nachbarn gleich | Nachbarn ungleich | Summe: 47 | |

## 48. Die Zahlen sind Primzahlen, größer als 20 und kleiner als 43.

| Nachbarn ungleich | Differenz Nachbarn 4 | steigend | Nachbarn ungleich | Nachbarn ungleich | | Jede Zahl einmal |
| --- | --- | --- | --- | --- | --- | --- |
| | 41 | | | | | |
| Jede Zahl einmal | | | | | | steigend |
| | | | | 29 | | 4 ver- schiedene Zahlen |
| | | | | Summe: 104 | Summe: 128 | |

# 49. Die Zahlen sind größer als -2 und kleiner als 3.

| | | steigend | Nachbarn ungleich | | Summe: 4 |
|---|---|---|---|---|---|
| Produkt: 0 | | | 2 | | |
| | | | | | Summe: 1 |
| Differenz Nachbarn 1 | | | | | 2 verschiedene Zahlen |
| | | | | 1 | |
| gerade | Jede Zahl einmal | | Summe: 2 | Summe: 4 | |

50. Die Zahlen sind Primzahlen. Größer als 2 und kleiner als 12.

| Jede Zahl einmal | | | 3 verschiedene Zahlen | Eine Zahl doppelt | Differenz Nachbarn 4 |
|---|---|---|---|---|---|
| einstellig | | | | | Summe: 18 |
| | | | | | |
| 2 Paare | | | | | Differenz Nachbarn 2 |
| Nachbarn ungleich | | 7 | | | |
| steigend | | | | | Summe: 40 |

## 51. Die Zahlen sind größer als -3 und kleiner als 3.

| | | | | | | |
|---|---|---|---|---|---|---|
| | 4 verschiedene Zahlen | | Nachbarn ungleich | Summe: -5 | | Differenz Nachbarn 1 |
| Differenz Nachbarn 2 | | | | | | Summe: -2 |
| 4 verschiedene Zahlen | | | | | | |
| Nachbarn ungleich | | | | | | Summe: -4 |
| | 2 | | | | | |
| | | | | | | Nachbarn ungleich |
| 2 verschiedene Zahlen | Nachbarn ungleich | Differenz Nachbarn 1 | Summe: -8 | | Nachbarn gleich | |

## 52. Die Zahlen sind 2-stellige Primzahlen unter 21.

| | | Jede Zahl einmal | | 3 ver-schiedene Zahlen | Differenz Nachbarn 2 |
|---|---|---|---|---|---|
| Jede Zahl einmal | | | | | |
| steigend | | | | | |
| Nachbarn ungleich | | | | | |
| | | | | | Summe: 50 |
| | Eine Zahl doppelt | | Jede Zahl einmal | | |

| | Summe: 6 | steigend | Summe: 10 | Summe: 4 | Kleiner als 5 | Jede Zahl einmal |
|---|---|---|---|---|---|---|
| 3 verschiedene Zahlen | | | | | | |
| | | | | | | |
| | | | | | | |
| Nachbarn ungleich | | | | | | Summe: 3 |
| Differenz Nachbarn 1 | | ungerade | | steigend | | |

**54. Die Zahlen sind größer als 3 und kleiner als 9.**

| | Jede Zahl einmal | 3 verschiedene Zahlen | | |
|---|---|---|---|---|
| | | | | ungerade |
| Differenz Nachbarn 1 | | | | |
| Differenz Nachbarn 3 | | | | |
| Differenz Nachbarn 1 | | | | Summe: 20 |
| | Differenz Nachbarn 1 | Summe: 20 | Eine Zahl doppelt | |

## 55. Die Zahlen sind Primzahlen, größer als 22 und kleiner als 38.

| steigend | | | | Mittelwert: 27 | | Kleiner als 30 |
|---|---|---|---|---|---|---|
| | | | | | | Nachbarn ungleich |
| | 31 | | 23 | | | |
| Nachbarn ungleich | | | 29 | | | |
| Differenz Nachbarn 6 | | 23 | | | | |
| | Nachbarn ungleich | Jede Zahl einmal | Summe: 118 | | Summe: 132 | |

**56. Die Zahlen sind größer als -2 und kleiner als 2.**

| steigend | | | Nachbarn ungleich | | Steigend |
|---|---|---|---|---|---|
| | | | | | Nachbarn ungleich |
| Nachbarn ungleich | | | | | Summe: 0 |
| Summe: 0 | | | | | Nachbarn ungleich |
| Summe: 1 | | | | | |
| Jede Zahl einmal | | | | | Größer als -1 |

# 57. Die Zahlen sind größer als -3 und kleiner als 2.

| Summe: -3 | | Produkt: 0 | Jede Zahl einmal | Differenz Nachbarn 1 | steigend |
|---|---|---|---|---|---|
| Summe: 1 | | | | | Nachbarn ungleich |
| Summe: 1 | | | | | |
| Summe: -6 | | | | | Differenz Nachbarn 1 |
| | | | | | |
| | Summe: - 4 | | | Jede Zahl einmal | 3 verschiedene Zahlen |

58. Die Zahlen sind Primzahlen, größer als 0 und kleiner als 12.

| | | | | | |
|---|---|---|---|---|---|
| Differenz Nachbarn 2 | | | Jede Zahl einmal | | Summe: 21 |
| | | | | | Summe: 20 |
| Nachbarn ungleich | 11 | | | | |
| Summe: 22 | | | | | Differenz Nachbarn 4 |
| Summe: 36 | | | | | Summe: 20 |
| | | Differenz Nachbarn gleich | | Jede Zahl einmal | |

## 59. Die Zahlen sind größer als 8 und kleiner als 18.

| | | | | |
|---|---|---|---|---|
| Vielfaches von 3 | | Summe: 78 | | Summe: 61 |
| gerade | | | | Mittelwert: 14 |
| | 10 | | 13 | |
| Nachbarn ungleich | | | | Vielfaches von 5 |
| ungerade | | | | Jede Zahl einmal |
| Jede Zahl einmal | | | | Differenz Nachbarn 2 |
| | | Nachbarn ungleich | Jede Zahl einmal | Summe: 66 |

## 60. Die Zahlen sind größer als 0 und kleiner als 6.

| Summe: 12 | gerade | | Jede Zahl einmal | Summe: 8 | Differenz Nachbarn gleich |
|---|---|---|---|---|---|
| | | | | | Summe: 9 |
| Summe: 12 | | | | | |
| | | | | | Summe: 18 |
| Summe: 11 | | | | | |
| | Summe: 12 | 3 ver- schiedene Zahlen | Summe: 15 | 1 Vierling | |

## 61. Die Zahlen sind größer als 2 und kleiner als 13.

| Differenz Nachbarn 2 | Differenz Nachbarn 2 | | | 2 gerade Zahlen | Differenz Nachbarn 3 | |
|---|---|---|---|---|---|---|
| Differenz Nachbarn 1 | | | | | | Summe: 25 |
| | | | | 8 | | |
| steigend | | | | | | ungerade |
| | | | | | | Summe: 29 |
| ungerade | | | | | | steigend |
| Summe: 47 | | Differenz Nachbarn 1 | Drilling einer Primzahl | | | Prim-zahlen |

## 62. Die Zahlen sind gerade, größer als 5 und kleiner als 15.

| | | | | | | steigend |
|---|---|---|---|---|---|---|
| Differenz Nachbarn 2 | Summe: 42 | | Eine Zahl doppelt | einstellig | | |
| Jede Zahl einmal | | | | | | |
| einstellig | | | 8 | | | |
| Differenz Nachbarn 4 | | | | | | |
| | | | | | | steigend |
| Eine Zahl doppelt | | Jede Zahl einmal | | | Nachbarn ungleich | |

# 63. Die Zahlen sind größer als 4 und kleiner als 9.

| Summe: 28 | | | Differenz Nachbarn gleich | Summe: 35 | |
|---|---|---|---|---|---|
| | | 5 | | | |
| ungerade | | | | | |
| | | | | | Summe: 21 |
| | | | | | Jede Zahl einmal |
| | | 8 | | | |
| | Summe: 32 | | | | steigend |

64. Die Zahlen sind größer als -1 und kleiner als 3.

| Summe: 5 | Summe: 6 | Summe: 4 | | Differenz Nachbarn 2 | Summe: 5 |
|---|---|---|---|---|---|
| | | | | | Summe: 5 |
| Nachbarn ungleich | | 2 | | | Summe: 3 |
| | | | | | Nachbarn ungleich |
| Summe: 5 | | | | | Summe: 4 |
| alle Zahlen | gerade | Nachbarn ungleich | Summe: 3 | | |

65. Die Zahlen sind größer als 0 und kleiner als 6.

| | | | Summe: 10 | | |
|---|---|---|---|---|---|
| Summe: 19 | | 4 | | | |
| | | | | | |
| Summe: 8 | | | | | |
| Summe: 8 | | | | | |
| | Summe: 11 | Summe: 19 | | Summe: 9 | |

## 66. Die Zahlen sind größer als 8 und kleiner als 13.

| | Differenz Nachbarn 1 | | Nachbarn ungleich | | gerade | | Summe: 39 |
|---|---|---|---|---|---|---|---|
| Summe: 49 | | | | | | | |
| | | | | | 9 | Nachbarn ungleich | Differenz Nachbarn 1 |
| | | | | | | | |
| | Summe: 43 | | Primzahlen | | Nachbarn ungleich | | Differenz Nachbarn 1 |

## 67. Die Zahlen sind größer als -7 und kleiner als 0.

| | | Nachbarn ungleich | | | Summe: -7 | |
|---|---|---|---|---|---|---|
| Jede Zahl einmal | | | | | | |
| | | | | | | Nachbarn ungleich |
| Summe: -23 | | | | | | Differenz Nachbarn 1 |
| Summe: -14 | | | | | | |
| | | -5 | | | | Nachbarn ungleich |
| | Summe: -22 | Summe: -26 | Differenz Nachbarn 1 | Jede Zahl einmal | ungerade | Differenz Nachbarn 2 |

**68.** Die Zahlen sind Primzahlen, größer als 2 und kleiner als 12.

| | | | | | Summe: 22 |
|---|---|---|---|---|---|
| Summe: 26 | Jede Zahl einmal | | | | |
| | | | | | Differenz Nachbarn 6 |
| | steigend | | | | |
| | Differenz Nachbarn 2 | | | | Summe: 20 |
| | | Summe: 18 | | Jede Zahl einmal | |

- 72 -

## 69. Die Zahlen sind ungerade, größer als 2 und kleiner als 16.

| | Summe: 45 | Jede Zahl einmal | | steigend | |
|---|---|---|---|---|---|
| | | | 11 | | |
| | | | | | Summe: 32 |
| | | | | | |
| | | | | | |
| einstellig | | | | | steigend |
| 2 Zahlen doppelt | Differenz Nachbarn 6 | Differenz Nachbarn 2 | | Primzahlen | ein Drilling |

# 70. Die Zahlen sind gerade, größer als -7 und kleiner als 3.

| | | | | | | |
|---|---|---|---|---|---|---|
| Differenz Nachbarn gleich | Jede Zahl einmal | | | | Jede Zahl einmal | Nachbarn ungleich |
| Summe: -18 | -6 | | | | | Nachbarn ungleich |
| ein Vierling | | 2 | | -4 | | |
| Jede Zahl einmal | | | Jede Zahl einmal | | | |
| | | | | | | Summe: -2 |
| Summe -2 | | 0 | | | | |
| Summe: -20 | | Summe: -10 | | Differenz Nachbarn 4 | | |

## 71. Die Zahlen sind größer als -2 und kleiner als 3.

| | Differenz Nachbarn 2 | Jede Zahl einmal | | | |
|---|---|---|---|---|---|
| Nachbarn ungleich | | | | | |
| | | | | | 3 verschiedene Zahlen |
| | | | | | |
| gerade | | | | | |
| | | Differenz Nachbarn gleich | Summe: -2 | steigend | |

## 72. Die Zahlen sind größer als 0 und kleiner als 6.

| | Summe: 15 | Primzahlen | Jede Zahl einmal | Jede Zahl einmal | Jede Zahl einmal | |
|---|---|---|---|---|---|---|
| gerade | | | | | | Differenz Nachbarn gleich |
| Summe: 6 | | | | | | |
| | | | | | 2 | Summe: 17 |
| | | | | | | Summe: 22 |
| | | | | | | steigend |
| | | | | | | |

73. Die Zahlen sind ungerade, größer als 4 und kleiner als 14.

| | Differenz Nachbarn 4 | steigend | | | Summe: 38 | Primzahlen | |
|---|---|---|---|---|---|---|---|
| | Nachbarn ungleich | | | | | | Summe: 33 |
| | 4 Prim-zahlen | | | | | | Differenz Nachbarn gleich |
| | Summe: 39 | | | 5 | | | 2 Zahlen doppelt |
| | Nachbarn ungleich | 9 | | | | | Summe: 57 |
| Summe: 46 | Primzahlen | | Nachbarn ungleich | | Jede Zahl einmal | | |

- 77 -

74. Die Zahlen sind größer als 2 und kleiner als 8.

| steigend | Summe: 16 | | steigend | | 4 verschiedene Zahlen | ungerade |
|---|---|---|---|---|---|---|
| | Differenz Nachbarn gleich | | | | | Summe: 20 |
| | Summe: 21 | | | | | Nachbarn ungleich |
| | Summe: 19 | | | | | 3 verschiedene Zahlen |
| | Differenz Nachbarn 3 | | | | | |
| | 2 Zahlen doppelt | | | | | |

**75. Die Zahlen sind größer als 0 und kleiner als 6.**

| | kleiner als 5 | | Differenz Nachbarn gleich | Nachbarn ungleich | Summe: 20 | steigend | |
|---|---|---|---|---|---|---|---|
| Prim- zahlen | | | | | | | |
| Summe: 22 | | | | | | | |
| | | | | | | | |
| | | | | | | | Summe: 18 |
| | | 5 | | | | | Jede Zahl einmal |
| | Differenz Nachbarn gleich | Jede Zahl einmal | | gerade | | | |

76. Die Zahlen sind durch 3 teilbar, größer als -7 und kleiner als 10.

| | | | | | | |
|---|---|---|---|---|---|---|
| Summe: -18 | Differenz Nachbarn 12 | Differenz Nachbarn | | Nachbarn ungleich | Differenz Nachbarn gleich | |
| | | | | | | steigend |
| | | | | | | Nachbarn ungleich |
| | | | | | | gerade |
| Nachbarn ungleich | Differenz Nachbarn | | 9 | | | |
| | | | | Summe: 0 | | Summe: -6 |

77. Die Zahlen sind Primzahlen, größer als 9 und kleiner als 24.

| | steigend | | Summe: 68 | | Summe: 74 |
|---|---|---|---|---|---|
| Nachbarn ungleich | | | | | |
| Jede Zahl einmal | | | | | |
| | | | | | |
| Summe: 84 | | | | | Nachbarn ungleich |
| Nachbarn ungleich | Jede Zahl einmal | Differenz Nachbarn 6 | Differenz Nachbarn gleich | steigend | |

**78. Die Zahlen sind größer als -2 und kleiner als 4.**

| | ungerade | steigend | Differenz Nachbarn gleich | gerade | |
|---|---|---|---|---|---|
| | | | | 0 | Summe: 0 |
| Nachbarn ungleich | | | | | |
| | | | | | Nachbarn ungleich |
| Summe: 10 | | | | | Summe: 4 |
| | Summe: 10 | Summe: 10 | | Summe: 4 | |

79. Die Zahlen sind Primzahlen, größer als 0 und kleiner als 8.

| | steigend | | | Nachbarn ungleich | | |
|---|---|---|---|---|---|---|
| Summe: 12 | | | | | | |
| Summe: 13 | | | | | | |
| | | | | | | Summe: 18 |
| Summe: 13 | | | | | | |
| | | | Nachbarn ungleich | | steigend | |

80. Die Zahlen sind größer als 0 und kleiner als 6.

| | Nachbarn ungleich | Jede Zahl einmal | Summe: 17 | Differenz Nachbarn 2 | Jede Zahl einmal | Summe: 17 |
|---|---|---|---|---|---|---|
| Nachbarn ungleich | | | | | | Summe: 17 |
| Differenz Nachbarn 1 | | | | | | Summe: 20 |
| 2 verschiedene Zahlen | | | | Differenz Nachbarn 2 | | Summe: 11 |
| Summe: 8 | Differenz Nachbarn 1 | | gerade | Jede Zahl einmal | Jede Zahl einmal | Nachbarn ungleich |

# 81. Die Zahlen sind größer als 3 und kleiner als 9.

| | Nachbarn ungleich | Nach links steigend | | | |
|---|---|---|---|---|---|
| Differenz Nachbarn 4 | | | | | |
| Summe: gerade | | | | | 2 verschiedene Zahlen |
| Nachbarn ungleich | 4 | | | | gerade |
| Differenz Nachbarn 1 | | | | | Jede Zahl einmal |
| | | | | | Differenz Nachbarn 2 |
| gerade | | | Summe: 22 | | |

## 82. Die Zahlen sind gerade, größer als -3 und kleiner als 7.

| Differenz Nachbarn 2 | | | Jede Zahl einmal | | Jede Zahl einmal | Differenz Nachbarn 2 |
|---|---|---|---|---|---|---|
| Nachbarn ungleich | | | | | | Differenz Nachbarn 8 |
| | | | | | | Summe: 6 |
| | | | | | | |
| Nachbarn ungleich | | | | | | Summe: 4 |
| Summe: 8 | | Summe: 6 | | | | Differenz Nachbarn 2 |

- 86 -

83. Die Zahlen sind größer als 0 und kleiner als 5.

| Summe: 7 | Summe: 10 |  |  |  | Jede Zahl einmal | steigend |
|---|---|---|---|---|---|---|
|  |  |  |  | 3 |  | Nachbarn ungleich |
|  |  |  |  |  |  |  |
| Summe: 12 |  |  |  |  |  | Eine Zahl doppelt |
| Nachbarn ungleich |  | 4 |  |  |  |  |
|  |  | gerade | alle Zahlen |  | Differenz Nachbarn 1 | Differenz Nachbarn 2 |

84. Die Zahlen sind nicht durch 3 teilbar, größer als -4 und kleiner als 5.

| | 2 verschiedene Zahlen | ungerade | Summe: 2 | ein Drilling | | steigend |
|---|---|---|---|---|---|---|
| | | | | | | Jede Zahl einmal |
| | | | | | | Größer als 0 |
| Differenz Nachbarn 2 | | | | | | |
| steigend | | | | | | |
| | | | | 0 | | Summe: 3 |
| | | Summe: -3 | | | Nachbarn ungleich | Summe: 7 |

## 85. Die Zahlen sind ungerade, größer als 6 und kleiner als 18.

|  | steigend |  | steigend | steigend |  |
|---|---|---|---|---|---|
| Jede Zahl einzeln |  |  |  |  |  |
|  |  |  |  |  |  |
|  |  |  |  |  |  |
| Nach unten steigend |  |  |  |  |  |
| Primzahlen | Nach rechts fallend |  |  |  |  |

**86. Die Zahlen sind größer als 4 und kleiner als 9.**

| | Jede Zahl einmal | Eine Zahl doppelt | | | Nachbarn ungleich | |
|---|---|---|---|---|---|---|
| | | | | | | gerade |
| Nachbarn ungleich | | | | | | Summe: 30 |
| Nachbarn ungleich | | | | | | |
| | | | | | | Differenz Nachbarn unter 3 |
| | | Summe: 23 | Jede Zahl einmal | Jede Zahl einmal | Jede Zahl einmal | |

| | Kleiner als 6 | Kleiner als 6 | Jede Zahl einmal | Jede Zahl einmal | Jede Zahl einmal | | | |
|---|---|---|---|---|---|---|---|---|
| steigend | ungerade | 3 | | | | Differenz Nachbarn 2 | | |
| | | | | | | | | |
| Nachbarn ungleich | | Nachbarn ungleich | | Differenz Nachbarn 1 | | | | |
| | | | | | | | | |
| | Nachbarn ungleich | Summe: 15 | Differenz Nachbarn 3 | Nachbarn ungleich | Primzahlen | | | |

## 88. Die Zahlen sind größer als -4 und kleiner als 2.

| steigend |  |  | Nachbarn ungleich | Differenz Nachbarn 3 | Nachbarn ungleich | gerade |
|---|---|---|---|---|---|---|
| Summe: -6 |  |  |  |  |  |  |
|  |  |  |  |  | 0 |  |
| Summe: -4 |  |  |  |  |  |  |
|  |  |  |  |  |  | Summe: -1 |
| Faktor: 0 | Summe: -11 |  |  | Summe: 2 |  | Produkt: 0 |

## 89. Die Zahlen sind ungerade, größer als 6 und kleiner als 16.

| | | | | | | |
|---|---|---|---|---|---|---|
| Summe: 49 | | Summe: 55 | Nachbarn ungleich | | Summe: 47 | |
| Differenz Nachbarn 2 | | | | | | |
| zwei-stellig | | | 13 | | | Nachbarn ungleich |
| 2 Felder Primzahlen | | | | | | Differenz Nachbarn 2 |
| | | | | | | Eine Zahl doppelt |
| Jede Zahl einmal | 11 | | | | | |
| Summe: 53 | Jede Zahl einmal | | | Summe: 39 | | Differenz Nachbarn 2 |

90. Die Zahlen sind größer als -2 und kleiner als 3.

| | steigend | Summe: -2 | Differenz Nachbarn gleich | |
|---|---|---|---|---|
| | | | | gerade |
| | | | | |
| | | | | Nachbarn ungleich |
| Summe: -2 | | | | |
| steigend | | Jede Zahl einmal | Differenz Nachbarn gleich | |

- 94 -

**91. Die Zahlen sind größer als -4 und kleiner als 3.**

| | | steigend | Produkt: 0 | gerade | Summe:0 | |
|---|---|---|---|---|---|---|
| | | | | | 2 | Summe: -9 |
| Jede Zahl einmal | | | | | | Summe: -4 |
| Nachbarn ungleich | | | | | | Summe: 0 |
| Differenz Nachbarn gleich | | | | | | steigend |
| | | | 2 | | | |
| | Summe: -3 | Faktor ungleich 0 | | Summe: 2 | | |

92. Die Zahlen sind Primzahlen, größer als 5 und kleiner als 20.

| | Summe: 81 | | | Nachbarn ungleich | Summe: 44 |
|---|---|---|---|---|---|
| | | | | | ein Drilling |
| | | | | | Differenz Nachbarn 4 |
| | | | | 11 | |
| | | | | | einstellig |
| | | | | | Summe: 44 |
| | | | Summe: 45 | | |

93. Die Zahlen sind ungerade, größer als 10 und kleiner als 20.

| Primzahlen | | | unter 14 | |
| --- | --- | --- | --- | --- |
| Differenz Nachbarn 2 | | | | |
| | | | | Differenz Nachbarn 2 |
| 2 Zahlen doppelt | | | | |
| | | | | Summe: 52 |
| Nach rechts fallend | Eine Zahl doppelt | | | Nach rechts steigend |

# 94. Die Zahlen sind größer als -1 und kleiner als 3

| | Faktor ungleich 0 | Nachbarn ungleich | Nachbarn ungleich | Summe: 2 | | alle Zahlen |
|---|---|---|---|---|---|---|
| Summe: 3 | | | | | | |
| ungerade | | | | | | |
| Summe: 3 | | | | | | Nachbarn ungleich |
| | | | | | | 1 Paar Differenz von 2 |
| Summe: 4 | | | | | | Nachbarn ungleich |

95. Die Zahlen sind größer als -1 und kleiner als 5.

|  | Summe: 11 |  |  | Summe: 4 |  |
|---|---|---|---|---|---|
| ungerade |  |  |  |  | Summe: 8 |
|  |  |  |  |  | gerade |
| ungerade |  |  |  |  |  |
| Summe: 9 |  |  |  |  |  |
| 2 verschiedene Zahlen | Größer als 1 | Summe: 8 | Differenz Nachbarn 3 |  | steigend |

**96. Die Zahlen sind Primzahlen, größer als 6 und kleiner als 20.**

| | | steigend | | | Summe: 44 | jede Zahl einmal |
|---|---|---|---|---|---|---|
| Jede Zahl einmal | | | | | | |
| | | | | | | 2 ver- schiedene Zahlen |
| steigend | | | | | | |
| ein Vierling | | | | | | |
| | Summe: 46 | | | Summe: 46 | Summe: 32 | Differenz Nachbarn 4 |

**97. Die Zahlen sind ungerade, größer als 2 und kleiner als 12.**

| | | | | Summe: 40 | |
|---|---|---|---|---|---|
| | | 9 | | | |
| | | | | | Summe: 24 |
| steigend | | | | | Prim-zahlen |
| Summe: 34 | | | | | |
| Summe: 24 | Nachbarn ungleich | | Differenz Nachbarn gleich | Nachbarn ungleich | steigend |

## 98. Die Zahlen sind ungerade, größer als 2 und kleiner als 12.

|  |  |  |  |  |  |  |
|---|---|---|---|---|---|---|
|  |  |  |  |  |  | Nachbarn ungleich |
| steigend | Nachbarn ungleich | Summe: 41 | Nachbarn ungleich | Summe: 35 |  | einstellig |
| Nachbarn ungleich |  |  |  |  |  | Prim-zahlen |
| Differenz Nachbarn 2 |  |  |  | 3 |  | 3 verschiedene Zahlen |
|  |  |  |  |  |  |  |
|  |  |  |  |  |  | Summe: 45 |
|  |  | Summe: 21 | Summe: 45 | ein Drilling | Differenz Nachbarn gleich |  |

99. Die Zahlen sind gerade, größer als 3 und kleiner als 11.

| | Summe: 28 | Summe: 20 | | Summe: 36 | |
|---|---|---|---|---|---|
| | | | | | |
| Summe: 34 | | | | | |
| Summe: 30 | | | | | |
| | | | | | |
| | | | Summe: 24 | 2 verschiedene Zahlen | |

## 100. Die Zahlen sind größer als 1 und kleiner als 7.

| | Nachbarn ungleich | ungerade | ein Drilling | | Jede Zahl einmal | Summe: 19 |
|---|---|---|---|---|---|---|
| Summe: 18 | | | | | | Differenz Nachbarn gleich |
| | | | | | | |
| Summe: 25 | | | 6 | | 4 verschiedene Zahlen | |
| Nachbarn ungleich | Nachbarn ungleich | Summe: 16 | | Nach links steigend | | |

# Lösungen:

**1. 1,2,3,4**

| 3 | 2 | 4 | 3 | |
|---|---|---|---|---|
| 2 | 3 | 2 | 1 | |
| 1 | 2 | 4 | 3 | |
| 4 | 3 | 2 | 1 | |
| | | | | |

**2. 7,9,11,13,15,17**

| 9 | 7 | 15 | 11 | 9 |
|---|---|----|----|---|
| 7 | 11 | 9 | 15 | 17 |
| 9 | 17 | 7 | 11 | 17 |
| 7 | 13 | 17 | 7 | 11 |
| 17 | 15 | 13 | 11 | 7 |

**3. 2,3,4,5,6,7**

| 4 | 6 | 4 | 2 | |
|---|---|---|---|---|
| 3 | 5 | 3 | 2 | |
| 6 | 4 | 2 | 2 | |
| 2 | 3 | 2 | 4 | |
| 7 | 2 | 5 | 3 | |

**4. 4,6,8,10**

| 8 | 4 | 8 | 4 | |
|---|---|---|---|---|
| 4 | 6 | 10 | 6 | |
| 6 | 4 | 4 | 10 | |
| 10 | 6 | 4 | 8 | |
| | | | | |

**5. 2,3,5,7**

| 2 | 7 | 2 | 7 | |
|---|---|---|---|---|
| 2 | 3 | 7 | 5 | |
| 3 | 7 | 5 | 3 | |
| 3 | 7 | 2 | 7 | |
| 7 | 5 | 3 | 2 | |

**6. 2,3,4,5,6**

| 2 | 4 | 3 | 2 | |
|---|---|---|---|---|
| 3 | 4 | 5 | 6 | |
| 4 | 2 | 5 | 2 | |
| 5 | 6 | 4 | 6 | |
| 6 | 4 | 5 | 3 | |

**7. -6,-3,3,6,9**

| -6 | -6 | -3 | -3 | 9 |
|----|----|----|----|---|
| -3 | -6 | -3 | -6 | -3 |
| 3 | 6 | 3 | 6 | 3 |
| 6 | -6 | -6 | -6 | 6 |
| 9 | 6 | 3 | -3 | -6 |

**8. -6,-4,-2,0,2,4**

| 6 | 6 | 4 | -4 | |
|---|---|---|----|---|
| 4 | 2 | 0 | -2 | |
| 2 | -2 | 0 | 0 | |
| 0 | 2 | -6 | 2 | |
| 4 | -2 | -6 | 4 | |

**9. 7,8,9**

| 8 | 9 | 8 | 9 | |
|---|---|---|---|---|
| 7 | 8 | 7 | 7 | |
| 8 | 7 | 8 | 7 | |
| 8 | 9 | 8 | 7 | |
| 7 | 8 | 7 | 7 | |

**10. 3,4,5,6,7,8,9,10,11**

| 11 | 9 | 7 | 5 | 3 |
|----|---|---|---|---|
| 10 | 7 | 6 | 3 | 11 |
| 9 | 5 | 5 | 6 | 5 |
| 10 | 3 | 4 | 4 | 8 |
| 3 | 5 | 3 | 4 | 4 |

**11. 6,12,18,24**

| | | | | |
|---|---|---|---|---|
| 6 | 12 | 6 | 6 | |
| 12 | 24 | 12 | 24 | |
| 18 | 18 | 18 | 6 | |
| 24 | 12 | 6 | 12 | |
| | | | | |

**12. 13,17,19,23**

| | | | | |
|---|---|---|---|---|
| 17 | 13 | 23 | 23 | |
| 17 | 17 | 23 | 23 | |
| 13 | 13 | 13 | 17 | |
| 13 | 13 | 13 | 19 | |
| | | | | |

**13. 0,1,2,3,4,5,6**

| | | | | |
|---|---|---|---|---|
| 1 | 1 | 3 | 5 | 5 |
| 1 | 2 | 4 | 3 | 6 |
| 1 | 2 | 3 | 4 | 5 |
| 1 | 0 | 2 | 6 | 6 |
| | | | | |

**14. 3,6,9,12,15,18,21,24**

| | | | | |
|---|---|---|---|---|
| 3 | 6 | 9 | 12 | |
| 6 | 6 | 3 | 3 | |
| 12 | 6 | 9 | 3 | |
| 24 | 18 | 3 | 12 | |
| | | | | |

**15. -6,-3,3,6,9**

| | | | | |
|---|---|---|---|---|
| 3 | -3 | 9 | 6 | -6 |
| 3 | 9 | 3 | -3 | 3 |
| -3 | -6 | 3 | 9 | 3 |
| -6 | 6 | -6 | 6 | -6 |
| 9 | 3 | 9 | 9 | 6 |

**16. 14,23,32,41,50**

| | | | | |
|---|---|---|---|---|
| 14 | 32 | 14 | 14 | 14 |
| 23 | 23 | 14 | 14 | 23 |
| 32 | 14 | 32 | 14 | 32 |
| 23 | 41 | 23 | 41 | 41 |
| 14 | 50 | 32 | 14 | 50 |

**17. 5,7,11,13**

| | | | | |
|---|---|---|---|---|
| 13 | 11 | 7 | 5 | |
| 11 | 13 | 5 | 13 | |
| 5 | 11 | 11 | 7 | |
| 5 | 13 | 13 | 11 | |
| | | | | |

**18. 9,11,13,15,17,19**

| | | | | |
|---|---|---|---|---|
| 9 | 11 | 17 | 19 | 17 |
| 11 | 13 | 11 | 19 | 15 |
| 13 | 11 | 17 | 13 | 13 |
| 15 | 17 | 15 | 13 | 11 |

**19. 2,4,6,8,10**

| | | | | |
|---|---|---|---|---|
| 2 | 4 | 6 | 8 | 10 |
| 10 | 6 | 10 | 6 | 10 |
| 2 | 10 | 8 | 6 | 4 |
| 10 | 2 | 2 | 10 | 4 |
| | | | | |

**20. -4,4,8,12**

| | | | | |
|---|---|---|---|---|
| -4 | 4 | 8 | 12 | |
| 8 | 4 | 8 | 12 | |
| -4 | 12 | -4 | -4 | |
| | | | | |
| | | | | |

**21. 4,5,6,7**

| | | | | |
|---|---|---|---|---|
| 4 | 7 | 6 | 4 | |
| 4 | 5 | 7 | 6 | |
| 4 | 4 | 6 | 7 | |
| 7 | 5 | 5 | 5 | |
| | | | | |

**22. 1,3,5,7,9**

| | | | | |
|---|---|---|---|---|
| 5 | 7 | 9 | 7 | 9 |
| 3 | 5 | 3 | 3 | 7 |
| 7 | 7 | 1 | 1 | 9 |
| 3 | 7 | 5 | 1 | 9 |
| | | | | |

**23. 1,2,3,4,5,6**

| | | | | |
|---|---|---|---|---|
| 6 | 5 | 4 | 3 | 1 |
| 6 | 3 | 1 | 5 | 2 |
| 5 | 1 | 3 | 3 | 3 |
| 5 | 2 | 2 | 6 | 4 |
| | | | | |

**24. -12,-8,-4,4,8**

| | | | | |
|---|---|---|---|---|
| -4 | 4 | 8 | -8 | |
| 4 | -12 | 4 | -12 | |
| -8 | 8 | -4 | -12 | |
| -4 | 4 | -8 | -12 | |
| | | | | |

**25. -2,-1,0,1,2**

| | | | | |
|---|---|---|---|---|
| 2 | -1 | 2 | -2 | -1 |
| 0 | 1 | -1 | 2 | -2 |
| 2 | 1 | 0 | -1 | -2 |
| 1 | -2 | 1 | -2 | 1 |
| | | | | |

**26. -7,-5,-3,-1,1,3,5**

| | | | | |
|---|---|---|---|---|
| 5 | 1 | -7 | -1 | 3 |
| 1 | -7 | -3 | 1 | -5 |
| -3 | -5 | 1 | 3 | -7 |
| -7 | 3 | 5 | 5 | 7 |
| | | | | |

**27. -1,0,1,2**

| | | | | |
|---|---|---|---|---|
| 0 | 1 | 1 | -1 | |
| 2 | -1 | 0 | 1 | |
| 0 | 1 | 0 | -1 | |
| 2 | -1 | 0 | 1 | |
| 0 | 1 | 2 | -1 | |

**28. 6,7,8,9,10,11**

| | | | | |
|---|---|---|---|---|
| 9 | 7 | 9 | 11 | 7 |
| 11 | 6 | 10 | 9 | 11 |
| 8 | 9 | 7 | 6 | 7 |
| 7 | 8 | 9 | 10 | 11 |
| | | | | |

**29. 2,3,5,7**

| | | | | |
|---|---|---|---|---|
| 7 | 5 | 2 | 3 | |
| 2 | 2 | 2 | 2 | |
| 7 | 2 | 3 | 5 | |
| 2 | 3 | 5 | 7 | |
| | | | | |

**30. 4,8,12**

| | | | | |
|---|---|---|---|---|
| 4 | 12 | 8 | 12 | 4 |
| 4 | 8 | 4 | 8 | 4 |
| 12 | 8 | 4 | 8 | 12 |
| 4 | 8 | 8 | 8 | 12 |
| 4 | 12 | 4 | 8 | 4 |

**31. 1,2,3,4,5**

| 1 | 1 | 5 | 1 | 1 |
|---|---|---|---|---|
| 3 | 2 | 3 | 2 | 1 |
| 1 | 3 | 3 | 1 | 1 |
| 3 | 5 | 3 | 5 | 3 |
|   |   |   |   |   |

**32. 5,6,7,8,9,10,11,12,13**

| 8 | 6 | 9 | 10 | 13 |
|---|---|---|----|----|
| 8 | 6 | 8 | 10 | 12 |
| 5 | 6 | 7 | 8 | 11 |
| 12 | 10 | 10 | 10 | 10 |
| 5 | 6 | 7 | 8 | 9 |

**33. -1,0,1,2**

| 0 | 0 | 2 | 2 | 2 |
|---|---|---|---|---|
| 1 | 2 | 1 | 0 | 1 |
| 0 | 0 | 1 | -1 | 0 |
| -1 | 2 | 2 | -1 | -1 |
|   |   |   |   |   |

**34. -2,0,2,4**

| 0 | -2 | 0 | 2 | 0 |
|---|----|---|---|---|
| 4 | 2 | 4 | -2 | 0 |
| 0 | -2 | 0 | 2 | -2 |
| 4 | 2 | -2 | 4 | -2 |
| 0 | -2 | 0 | -2 | 0 |

**35. -3,-2,-1,0,1**

| 1 | -2 | -3 | 1 | -1 |
|---|----|----|---|----|
| 1 | 0 | -1 | -2 | -3 |
| -3 | -2 | -1 | 0 | 1 |
| 1 | 0 | -2 | 1 | 1 |
|   |   |   |   |   |

**36. 11,13,17,19**

| 11 | 11 | 11 | 13 |   |
|----|----|----|----|---|
| 11 | 17 | 13 | 19 |   |
| 13 | 19 | 19 | 19 |   |
| 11 | 11 | 13 | 13 |   |
|    |    |    |    |   |

**37. 1,2,3,4,5**

| 1 | 2 | 3 | 4 | 5 |
|---|---|---|---|---|
| 5 | 2 | 3 | 4 | 1 |
| 4 | 2 | 3 | 1 | 3 |
| 2 | 2 | 2 | 2 | 2 |
| 1 | 2 | 5 | 3 | 4 |

**38. 5,7,9,11,13**

| 11 | 11 | 9 | 13 | 13 |
|----|----|---|----|----|
| 7 | 9 | 7 | 9 | 9 |
| 9 | 11 | 7 | 5 | 13 |
| 13 | 5 | 11 | 5 | 9 |
|    |    |    |    |    |

**39. 6,12,18,24**

| 12 | 6 | 12 | 24 |   |
|----|---|----|----|---|
| 24 | 6 | 18 | 12 |   |
| 18 | 12 | 6 | 24 |   |
| 6 | 12 | 12 | 12 |   |
|   |   |   |   |   |

**40. 2,3,5,7,11**

| 3 | 5 | 2 | 2 | 5 |
|---|---|---|---|---|
| 7 | 5 | 3 | 7 | 11 |
| 3 | 5 | 7 | 5 | 3 |
| 7 | 5 | 11 | 11 | 7 |
|   |   |   |   |   |

### 41. 11,13,17,19,23,29

| 29 | 17 | 11 | 13 | 29 |
|----|----|----|----|----|
| 23 | 19 | 13 | 23 | 19 |
| 17 | 29 | 17 | 29 | 17 |
| 11 | 11 | 23 | 13 | 13 |
| 17 | 13 | 29 | 19 | 11 |

### 42. 4,5,6,7,8

| 6 | 4 | 4 | 8 | 8 |
|---|---|---|---|---|
| 8 | 6 | 5 | 7 | 4 |
| 5 | 7 | 6 | 6 | 4 |
| 7 | 5 | 7 | 5 | 7 |
| 4 | 7 | 8 | 6 | 5 |

### 43. 3,5,7,9,11

| 9 | 7 | 5 | 3 | |
|---|---|---|---|---|
| 11 | 9 | 7 | 5 | |
| 3 | 5 | 9 | 11 | |
| 3 | 11 | 3 | 9 | |
| | | | | |

### 44. 2,4,6,8

| 6 | 8 | 8 | 8 | |
|---|---|---|---|---|
| 6 | 2 | 6 | 4 | |
| 2 | 4 | 6 | 8 | |
| 6 | 6 | 8 | 4 | |
| | | | | |

### 45. 2,4,6,8,10

| 10 | 8 | 10 | 2 | |
|----|---|----|---|---|
| 8 | 4 | 6 | 2 | |
| 2 | 6 | 2 | 2 | |
| 6 | 2 | 6 | 2 | |
| 4 | 10 | 10 | 8 | |

### 46. -5,-3,-1,1,3

| 3 | -1 | 3 | -1 | 1 |
|----|----|----|----|----|
| 1 | -5 | 1 | -5 | 1 |
| -1 | -1 | -1 | -3 | 1 |
| -3 | 3 | -3 | 3 | -3 |
| -5 | -1 | -5 | 1 | -1 |

### 47. 5,6,7,8,9,10,11

| 11 | 8 | 10 | 9 | 5 |
|----|----|----|----|----|
| 9 | 10 | 9 | 8 | 7 |
| 7 | 10 | 8 | 10 | 9 |
| 5 | 10 | 11 | 10 | 11 |
| | | | | |

### 48. 23,29,31,37,41

| 37 | 31 | 23 | 37 | |
|----|----|----|----|---|
| 29 | 23 | 29 | 23 | |
| 31 | 41 | 31 | 29 | |
| 23 | 29 | 37 | 41 | |
| 41 | 37 | 41 | 37 | |

### 49. -1,0,1,2

| 2 | 1 | -1 | 0 | |
|----|---|----|---|---|
| -1 | 0 | 1 | 2 | |
| -1 | 1 | 0 | 2 | |
| 1 | 0 | 1 | 2 | |
| | | | | |

### 50. 3,5,7,11

| 3 | 11 | 7 | 5 | 11 |
|---|----|---|---|----|
| 5 | 7 | 7 | 7 | 3 |
| 7 | 11 | 11 | 5 | 7 |
| 3 | 11 | 11 | 7 | 3 |
| | | | | |

**51. -2,-1,0,1,2**

| | | | | |
|---|---|---|---|---|
| -2 | 2 | -1 | 0 | 2 |
| 0 | -1 | 0 | 1 | 0 |
| -2 | -1 | -2 | -1 | -2 |
| -1 | -2 | -1 | -1 | 0 |
| -2 | -2 | -2 | -2 | -2 |

**52. 11,13,17,19**

| | | | | |
|---|---|---|---|---|
| 11 | 11 | 17 | 13 | |
| 17 | 13 | 19 | 11 | |
| 19 | 17 | 11 | 13 | |
| 13 | 19 | 17 | 13 | |
| | | | | |

**53. 0,1,2,3,4,5**

| | | | | |
|---|---|---|---|---|
| 0 | 1 | 2 | 3 | |
| 1 | 1 | 3 | 5 | |
| 2 | 0 | 2 | 0 | |
| 0 | 1 | 2 | 3 | |
| | | | | |

**54. 4,5,6,7,8**

| | | | | |
|---|---|---|---|---|
| 7 | 6 | 5 | 4 | |
| 7 | 5 | 8 | 5 | |
| 5 | 4 | 5 | 6 | |
| 7 | 5 | 8 | 5 | |
| | | | | |

**55. 23,29,31,37**

| | | | | |
|---|---|---|---|---|
| 29 | 23 | 31 | 37 | |
| 23 | 37 | 31 | 29 | |
| 29 | 29 | 23 | 37 | |
| 23 | 31 | 23 | 31 | |
| 29 | 37 | 37 | 29 | |

**56. -1,0,1**

| | | | | |
|---|---|---|---|---|
| 1 | -1 | 1 | 0 | |
| 0 | 0 | 0 | 0 | |
| -1 | 1 | -1 | 1 | |
| | | | | |

**57. -2,-1,0,1**

| | | | | |
|---|---|---|---|---|
| -2 | -2 | 0 | 0 | |
| 0 | -1 | 1 | 1 | |
| 1 | -2 | 0 | -1 | |
| -2 | -1 | 0 | 1 | |
| | | | | |

**58. 2,3,5,7,11**

| | | | | |
|---|---|---|---|---|
| 3 | 11 | 5 | 7 | |
| 7 | 2 | 5 | 11 | |
| 5 | 3 | 5 | 7 | |
| 5 | 11 | 7 | 11 | |
| | | | | |

**59. 9,10,11,12,13,14,15,16,17**

| | | | | |
|---|---|---|---|---|
| 17 | 13 | 15 | 10 | 12 |
| 15 | 9 | 10 | 15 | 16 |
| 13 | 17 | 15 | 17 | 16 |
| 11 | 15 | 10 | 10 | 16 |
| 9 | 11 | 15 | 13 | 10 |

**60. 1,2,3,4,5**

| | | | | |
|---|---|---|---|---|
| 1 | 1 | 1 | 4 | 1 |
| 2 | 4 | 1 | 5 | 3 |
| 4 | 5 | 1 | 5 | 5 |
| 2 | 2 | 2 | 4 | 2 |
| | | | | |

### 61. 3,4,5,6,7,8,9,10,11,12

| | | | | |
|---|---|---|---|---|
| 11 | 9 | 11 | 9 | 7 |
| 9 | 3 | 9 | 5 | 6 |
| 7 | 6 | 7 | 6 | 5 |
| 5 | 5 | 5 | 8 | 4 |
| 3 | 6 | 3 | 6 | 3 |

### 62. 6,8,10,12,14

| | | | | |
|---|---|---|---|---|
| 6 | 8 | 10 | 6 | |
| 8 | 8 | 6 | 8 | |
| 12 | 8 | 10 | 10 | |
| 14 | 8 | 6 | 12 | |
| 10 | 8 | 10 | 14 | |

### 63. 5,6,7,8

| | | | | |
|---|---|---|---|---|
| 8 | 6 | 5 | 5 | 8 |
| 8 | 5 | 6 | 7 | 5 |
| 5 | 7 | 5 | 7 | 5 |
| 8 | 8 | 5 | 7 | 7 |
| | | | | |

### 64. 0,1,2

| | | | | |
|---|---|---|---|---|
| 2 | 0 | 2 | 0 | |
| 0 | 1 | 1 | 1 | |
| 1 | 2 | 0 | 1 | |
| 2 | 0 | 2 | 2 | |
| | | | | |

### 65. 1,2,3,4,5

| | | | | |
|---|---|---|---|---|
| 1 | 1 | 4 | 5 | |
| 5 | 5 | 5 | 4 | |
| 1 | 1 | 3 | 5 | |
| 1 | 1 | 2 | 5 | |
| | | | | |

### 66. 9,10,11,12

| | | | | |
|---|---|---|---|---|
| 11 | 9 | 11 | 12 | |
| 12 | 10 | 12 | 9 | |
| 11 | 11 | 11 | 11 | |
| 12 | 10 | 12 | 10 | |
| 9 | 9 | 9 | 11 | |

### 67. -6,-5,-4,-3-,2,-1

| | | | | |
|---|---|---|---|---|
| -5 | -1 | -5 | -6 | -5 |
| -6 | -5 | -6 | -3 | -6 |
| -5 | -4 | -5 | -4 | -3 |
| -6 | -3 | -4 | -5 | -2 |
| -1 | -1 | -3 | -1 | -1 |

### 68. 3,5,7,11

| | | | | |
|---|---|---|---|---|
| 5 | 11 | 11 | 5 | |
| 11 | 5 | 7 | 3 | |
| 7 | 11 | 5 | 5 | |
| 3 | 5 | 3 | 7 | |
| | | | | |

### 69. 3,5,7,9,11,13,15

| | | | | |
|---|---|---|---|---|
| 9 | 15 | 9 | 3 | 9 |
| 7 | 9 | 11 | 13 | 15 |
| 5 | 3 | 11 | 5 | 11 |
| 3 | 5 | 7 | 11 | 13 |
| | | | | |

### 70. -6,-4,-2,0,2

| | | | | |
|---|---|---|---|---|
| -6 | -4 | -2 | 0 | -6 |
| -4 | -4 | -4 | -4 | 0 |
| -2 | 2 | -6 | 0 | -4 |
| 2 | -4 | 2 | -4 | 2 |
| 0 | 0 | 0 | 0 | -2 |

**71. -1,0,1,2**

| 2 | 0 | 2 | 0 | |
|---|---|---|---|---|
| 2 | 1 | 0 | -1 | |
| 0 | -1 | -1 | 0 | |
| 2 | 1 | 0 | -1 | |
| | | | | |

**72. 1,2,3,4,5**

| 4 | 1 | 2 | 3 | 5 |
|---|---|---|---|---|
| 2 | 1 | 3 | 5 | 4 |
| 4 | 1 | 2 | 5 | 3 |
| 2 | 2 | 5 | 5 | 2 |
| 4 | 1 | 5 | 4 | 1 |

**73. 5,7,9,11,13**

| 13 | 11 | 7 | 5 | |
|----|----|---|---|---|
| 9 | 11 | 9 | 7 | |
| 13 | 5 | 11 | 5 | |
| 9 | 5 | 13 | 11 | |
| 13 | 7 | 11 | 5 | |

**74. 3,4,5,6,7**

| 5 | 4 | 3 | 7 | 7 |
|---|---|---|---|---|
| 5 | 6 | 6 | 3 | 4 |
| 3 | 4 | 5 | 6 | 7 |
| 3 | 6 | 7 | 3 | 4 |
| | | | | |

**75. 1,2,3,4,5**

| 1 | 2 | 3 | 4 | 3 |
|---|---|---|---|---|
| 5 | 2 | 1 | 4 | 3 |
| 3 | 5 | 3 | 5 | 3 |
| 2 | 4 | 2 | 4 | 2 |
| 4 | 5 | 1 | 5 | 5 |

**76. -6,-3,3,6,9**

| 9 | -6 | -6 | -3 | |
|---|----|----|----|---|
| 6 | -3 | 6 | -3 | |
| 3 | 6 | -6 | -3 | |
| -3 | -3 | 6 | 9 | |
| -6 | 6 | -6 | 6 | |

**77. 11,13,17,19,23**

| 23 | 19 | 17 | 11 | |
|----|----|----|----|---|
| 19 | 17 | 13 | 23 | |
| 23 | 17 | 11 | 17 | |
| 19 | 23 | 19 | 23 | |
| | | | | |

**78. -1,0,1,2,3**

| 0 | 0 | 2 | 2 | |
|---|---|---|---|---|
| 1 | -1 | 1 | 3 | |
| -1 | 0 | 1 | 2 | |
| 3 | 1 | 3 | 3 | |
| | | | | |

**79. 2,3,5,7**

| 2 | 3 | 5 | 2 | |
|---|---|---|---|---|
| 2 | 5 | 3 | 5 | |
| 2 | 5 | 2 | 3 | |
| 7 | 5 | 3 | 2 | |
| | | | | |

**80. 1,2,3,4,5**

| 5 | 5 | 2 | 3 | 5 |
|---|---|---|---|---|
| 4 | 3 | 4 | 5 | 4 |
| 1 | 5 | 2 | 2 | 1 |
| 3 | 3 | 4 | 4 | 3 |
| 2 | 1 | 2 | 1 | 2 |

## 81. 4,5,6,7,8

| | | | | |
|---|---|---|---|---|
| 6 | 8 | 4 | 6 | 8 |
| 8 | 7 | 6 | 5 | 4 |
| 6 | 6 | 8 | 6 | 8 |
| 4 | 5 | 4 | 5 | 4 |
| | | | | |

## 82. -2,0,2,4,6

| | | | | |
|---|---|---|---|---|
| 4 | -2 | 0 | 2 | |
| 6 | 6 | 0 | 6 | |
| 2 | -2 | 4 | 0 | |
| 0 | 6 | -2 | 2 | |
| 4 | -2 | 4 | 6 | |

## 83. 1,2,3,4

| | | | | |
|---|---|---|---|---|
| 3 | 2 | 4 | 1 | |
| 4 | 2 | 2 | 2 | |
| 2 | 3 | 4 | 1 | |
| 1 | 2 | 2 | 3 | |
| 4 | 3 | 2 | 1 | |

## 84. -2,-1,0,1,2,4

| | | | | |
|---|---|---|---|---|
| 4 | 2 | 1 | 4 | 2 |
| 2 | 2 | -1 | 2 | 4 |
| -4 | 4 | 1 | 1 | 0 |
| -1 | 1 | -1 | -1 | -1 |
| 1 | 1 | 1 | -2 | -2 |

## 85. 7,9,11,13,15,17

| | | | | |
|---|---|---|---|---|
| 7 | 11 | 13 | 17 | |
| 13 | 11 | 9 | 7 | |
| 15 | 13 | 11 | 9 | |
| 17 | 15 | 13 | 11 | |
| | | | | |

## 86. 5,6,7,8

| | | | | |
|---|---|---|---|---|
| 6 | 8 | 6 | 7 | |
| 8 | 7 | 5 | 6 | |
| 6 | 8 | 7 | 5 | |
| 6 | 7 | 5 | 5 | |
| | | | | |

## 87. 3,4,5,6,7,8

| | | | | |
|---|---|---|---|---|
| 7 | 3 | 7 | 3 | |
| 3 | 4 | 4 | 4 | |
| 8 | 5 | 8 | 5 | |
| 4 | 6 | 3 | 4 | |
| 5 | 7 | 5 | 3 | |
| 6 | 8 | 6 | 4 | |

## 88. -3,-2,-1,0,1

| | | | | |
|---|---|---|---|---|
| -2 | 0 | 1 | 0 | |
| -2 | 1 | -2 | 1 | |
| 0 | 1 | 0 | 1 | |
| 0 | -1 | 0 | 0 | |
| -2 | -3 | -3 | -3 | |
| | | | | |

## 89. 7,9,11,13,15

| | | | | |
|---|---|---|---|---|
| 11 | 7 | 9 | 15 | 13 |
| 13 | 13 | 7 | 11 | 11 |
| 15 | 13 | 9 | 13 | 9 |
| 7 | 7 | 7 | 11 | 7 |
| 9 | 7 | 9 | 13 | 9 |

## 90. -1,0,1,2

| | | | | |
|---|---|---|---|---|
| 2 | 0 | 2 | 0 | |
| 2 | 1 | 0 | -1 | |
| 0 | -1 | -1 | 0 | |
| 2 | 1 | 0 | -1 | |
| | | | | |

**91. -3,-2,-1,0,1,2**

| 2 | 2 | -3 | -1 | -3 |
|---|---|----|----|----|
| 2 | 1 | -1 | -2 | -3 |
| 2 | 0 | 2 | 2 | -3 |
| 2 | -2 | 0 | 0 | -2 |
| 2 | -3 | 2 | -3 | 2 |

**92. 7,11,13,17,19**

| 7 | 13 | 11 | 7 | 11 |
|---|----|----|---|----|
| 7 | 17 | 7 | 7 | 7 |
| 7 | 13 | 13 | 7 | 7 |
| 19 | 17 | 19 | 7 | 19 |
| | | | | |

**93. 11,13,15,17,19**

| 19 | 17 | 15 | 19 | |
|----|----|----|----|---|
| 11 | 17 | 17 | 17 | |
| 11 | 13 | 15 | 15 | |
| 11 | 13 | 13 | 13 | |
| | | | | |

**94. 0,1,2**

| 2 | 1 | 0 | 1 | |
|---|---|---|---|---|
| 0 | 1 | 2 | 0 | |
| 1 | 1 | 1 | 2 | |
| 0 | 1 | 0 | 1 | |
| | | | | |

**95. 0,1,2,3,4**

| 3 | 3 | 2 | 3 | |
|---|---|---|---|---|
| 2 | 3 | 2 | 1 | |
| 4 | 1 | 4 | 1 | |
| 0 | 1 | 0 | 3 | |
| | | | | |

**96. 7,11,13,17,19**

| 17 | 13 | 7 | 7 | |
|----|----|---|---|---|
| 7 | 7 | 11 | 7 | |
| 19 | 7 | 13 | 7 | |
| 11 | 13 | 17 | 19 | |
| 13 | 7 | 19 | 7 | |

**97. 3,5,7,9,11**

| 5 | 3 | 7 | 3 | |
|---|---|---|---|---|
| 9 | 5 | 5 | 9 | |
| 11 | 7 | 3 | 7 | |
| 9 | 11 | 9 | 11 | |
| | | | | |

**98. 3,5,7,9,11**

| 11 | 9 | 11 | 11 | 3 |
|----|---|----|----|---|
| 9 | 9 | 9 | 11 | 5 |
| 7 | 5 | 7 | 5 | 3 |
| 5 | 3 | 11 | 5 | 7 |
| 7 | 9 | 7 | 9 | 3 |

**99. 4,6,8,10**

| 4 | 10 | 10 | 4 | |
|---|----|----|---|---|
| 4 | 4 | 8 | 4 | |
| 4 | 6 | 10 | 4 | |
| 10 | 10 | 6 | 10 | |
| | | | | |

**100. 2,3,4,5,6**

| 3 | 2 | 3 | 2 | 6 |
|---|---|---|---|---|
| 5 | 3 | 5 | 3 | 5 |
| 6 | 4 | 2 | 6 | 6 |
| 6 | 5 | 4 | 3 | 2 |
| 3 | 4 | 2 | 5 | 6 |